Elä henkisten arvojen mukaisesti ja pelasta maailma

Sri Mata Amritanandamayin puhe
Swami Vivekanandan syntymän 150-vuotis
juhlavuoden – juhlan avajaistilaisuudessa

Sirifort Auditorium, New Delhi, Intia
11. tammikuuta 2013

I0196925

Mata Amritanandamayi Center, San Ramon
Kalifornia, Yhdysvallat

Elä henkisten arvojen mukaisesti ja pelasta maailma

Englanniksi kääntänyt: Swami Amritaswarupananda

Julkaisija:
  Mata Amritanandamayi Center
  P.O. Box 613, San Ramon, CA 94583
  Yhdysvallat

—— *Practice Spiritual Values and Save the World*
(Finnish) ——

Ensimmäinen painos MA Centerin: huhtikuu 2016

Suomen kotisivut: www.amma.fi

Intiassa:
  www.amritapuri.org
  inform@amritapuri.org

रक्षा मंत्री
भारत
MINISTER OF DEFENCE
INDIA

Esipuhe

Swami Vivekananda oli kiistatta 1800-luvun suurin Intian henkisen ja kulttuurisen renessanssin lähettiläs. Muistamme kunnioituksella ja ylpeydellä, kuinka hän levitti universaalin veljeyden, uskontojen välisen harmonian sekä eri yhteisöjen ja maiden rauhanomaisen rinnakkaiselon sanomaa. Hän oli tietoinen uskonnon yhdistävästä voimasta ja puolsi ajatusta, että kaikkiin uskontoihin sisältyy jalo pyrkimys henkilökohtaiseen valaistumiseen, sosiaalisten olojen kohentaminen ja todellisen itsen oivaltaminen. Polut saattavat olla erilaisia mutta lopullinen päämäärä on sama. Näin ollen kaikissa uskonnoissa on luontainen rytmi, joka on juurtunut syvästi rakkauteen, myötätuntoon ja antaumukseen. Jos oivallamme tämän ihanteen ytimen ja elämme eri uskontojen tarjoaman opetuksen mukaisesti, alamme kunnioittaa jokaista yksilöä tämän kastista, uskonnosta tai alkuperästä riippumatta. Rakkaus ja huolenpito kanssaihmisiämme kohtaan on mantra rauhaan ja yhteisymmärrykseen.

Swami Vivekananda piti lennokkaita puheita ja hänen inspiroivasta läsnäolostaan tuli nuorekkaan innokkuuden ikoni kaikkialla maailmassa. Hän välitti Intian henkistä sanomaa, Intian filosofian olennaisinta osaa, yksinkertaistaen ja tulkiten sitä maailmanyhteisön hyvinvoinnin edistämiseksi. Hän opetti pelottomuuden uskontoa ja kehotti nuoria heräämään, nousemaan ja jatkamaan pysähtymättä aina päämäärän saavuttamiseen asti.

Sri Mata Amritanandamayi, joka tunnetaan maailmanlaajuisesti nimellä Amma, osoittaa puheessaan kunnioitusta Swami Vivekanandaa kohtaan tämän syntymän 150-vuotisjuhlassa. Jokapäiväisen elämän esimerkein kuvaillen Amma selittää Swami Vivekanandan opetusten ytimen. Amma kehottaa ihmisiä säilyttämään mielen puhtauden ja elinvoimaisuuden, vaalimaan arvoja, poistamaan julmuuden saasteen mielestämme ja omaksumaan muinaisen kulttuurimme ja tietämyksemme hedelmät sekä seuraamaan dharman polkua ja elämään merkityksellistä elämää voittaen pelkomme. Kuten Swami Vivekananda, myös Amma neuvoo meitä pyrkimään sisällämme olevan äärettömän voiman oivaltamiseen. Lisäksi Amma välittää viestin luonnonsuojelusta ja yleisesti terveen ekologian ja ympäristön säilyttämisestä. Amma ei tarvitse esittelyä. Tutustuin Ammaan 1990-luvun puolivälissä toimiessani Keralan pääministerinä. Olen kiinnostunut ja syvästi liikuttunut siitä omistautuneesta palvelutyöstä, jota Amma on tehnyt yhteiskunnan hyväksi ja siitä avusta ja lohdusta, jota hän on tarjonnut puutteenalaisille. Amma on panostanut paljon koulutuksen ja terveydenhoidon edistämiseen. Amma levittää universaalin rakkauden ja veljeyden sanomaa, mitä arvostetaan kaikkialla maailmassa. Näin ollen Amma on juuri sopiva henkilö esittämään arvokkaan ja valaisevan viestin Swami Vivekanandan syntymän 150-vuotisjuhlassa.

A. K. Antony, Intian puolustusministeri

(A.K. Antony)

Esittely

Tammikuun 12. päivänä 2013 tuli kuluneeksi 150 vuotta Swami Vivekanandan syntymästä. Hän oli aktiivinen sanjaasi Kalkutasta ja hänet tunnetaan Intian henkisyyden viemisestä länsimaihin sekä uskonnollisen uudistumisen ja henkisen elpymisen innoittamisesta kotimaassaan. Juhlavuoden kunniaksi juhlatilaisuuksia järjestetään pitkin vuotta eri puolilla Intiaa aina Kashmirista Kanyakumariin ja Gujaratista Orissaan. Itse asiassa Swami Vivekananda itse matkusti ympäri maailmaa ja siksi hänen syntymänsä 150-vuotis juhlavuoden tapahtumat eivät rajoitu pelkästään Intiaan vaan niitä pidetään kaikkialla maailmassa.

Tammikuun 11. päivänä 2013 Swami Vivekananda Sardhashati Samaroh Samhiti järjesti ohjelman Sirifort-auditoriossa New Delhissä vihkiäkseen vuoden kestävät juhlallisuudet. Järjestäjien pyynnöstä Sri Mata Amritanandamayi – meidän rakas Amma – piti puheen tilaisuudessa.

Sirifort-auditorio oli ääriään myöten täynnä
merkittäviä intialaisia – poliitikkoja, sosiaa-
lityöntekijöitä, ammattikasvattajia, henkisiä
ja uskonnollisia johtajia ja muita, jotka ovat
omistaneet elämänsä Intian hyvinvoinnin edis-
tämiseksi. Amma aloitti puheensa ylistämällä
Swami Vivekanandaa mielen puhtauden ja
elintärkeän toiminnan ruumiillistumana – hä-
nen elämällään ja sanomallaan oli voima sytyt-
tää henkisyyden tuli ihmiskunnan sydämessä.
Amma selvensi kuitenkin pian, että hänen
näkökulmastaan Intia ei kykene elämään Vi-
vekanandan kotimaataan koskevan ihanteen
mukaisesti. "Olemme saattaneet oppia lentä-
mään kuin linnut ja uimaan kuin kalat mutta
olemme unohtaneet, kuinka elää kuten ihmisen
kuuluisi", Amma sanoi. "Vaikuttaa siltä, että
meidän täytyy opetella uudestaan tuo taito.
Kuinka voimme tehdä sen? Se on mahdollista
vain, jos opimme omasta itsestämme. Meidän
tulee tutkiskella itseämme. Miksi? Koska tämän
maailman ongelmien syynä ei ole ulkoinen tila,
tuuli, meri, vuodenajat, luonto tai eläimet, vaan
me ihmiset – meidän mielemme."

Seuraavan 40 minuutin aikana Amma mää-
ritteli tarkasti Intian moninaisten ongelmien

8

ytimen: sen kansalaisten kyvyttömyyden vaalia muinaista henkistä kulttuuria ja elää universaaleihin arvoihin juurensa juontavaa elämää, johon tuo kulttuuri perustuu. Amman sanat olivat suoria ja anteeksipyytelemättömiä. Hän sanoi: "Todellisuudessa monet Sanatana Dharman kohtaamat haasteet ovat itse luotuja. Voimme syyttää muita ja osoittaa globalisaation vaikutukseen, vieraan vallan aikaan ja muihin uskontoihin – ja ehkä niitä voidaankin syyttää jossain määrin – mutta ne eivät ole ensisijainen syy. Pääsyy on oma piittaamattomuutemme: olemme epäonnistuneet tämän korvaamattoman arvokkaan kulttuurin vaalimisessa ja suojelemisessa. Tarkemmin sanoen: meillä ei ole ollut rohkeutta suojella sitä. Me itse olemme kaivaneet kuoppaa, johon tämä valtava muinaisen tiedon kulttuuri voitaisiin haudata." Vaikka Amman maalaama kuva oli monin paikoin synkkä, hänen puheensa ei ollut millään lailla fatalistinen. "Vielä ei ole liian myöhäistä", Amma sanoi. "Jos yritämme vilpittömästi, voimme vielä herättää henkiin *dharman*. Miten dharmaa voidaan suojella? Vain noudattamalla sitä. Vain harjoittamalla ja noudattamalla dharmaa kulttuuri voi säilyä."

Itse asiassa Amman puhe oli hahmotelma Intian uudistamiseksi – luonnos, joka ottaa huomioon tarpeen kokonaisvaltaiselle muutokselle unohtamatta erityisiä huolenaiheita. Niitä olivat Intian nuorison henkisen tietoisuuden puute, tarve suojella ympäristöä ja luonnonvaroja, hyväksyntä eri uskontojen välillä, tarve suojella vaikutuksille alttiiden nuorten mieliä tietyltä materiaalilta sekä tarve edistää myötätuntoon perustuvaa, palveluhenkistä asennetta sekä nuorissa että aikuisissa.

Amma päätti puheensa rukoukseen. "Intian tulisi nousta", hän sanoi. "Tiedon äänen, Itse-oivalluksen ja *rishien* muinaisten sanojen äänen tulisi jälleen kerran nousta kuuluviin ja levitä kaikkialle maailmaan. Saavuttaaksemme tämän meidän tulee työskennellä yhdessä yksimielisesti. Pitäköön tämä maa, joka opetti hyväksynnän todellisen merkityksen maailmalle, lujasti kiinni tuosta hyveestä. Soittakoon Sanatana Dharman torvi raikuen uutta elpymistään niin, että se kaikuu koko maailmassa. Swami Vivekananda oli kuin sateenkaari, joka ilmestyi ihmiskunnan horisonttiin auttaakseen meitä ymmärtämään sen kauneuden ja arvon, joka on toiminnan täyteisellä elämällä,

johon yhdistetään myötätunto ja meditaatio.
Toteutukoon se kaunis toive rakkaudesta,
pelottomuudesta ja ykseydestä, josta Swami
Vivekananda unelmoi." Puhetta seurasivat
myrskyisät suosionosoitukset. Kaikki Sirifort-
auditorioon kokoontuneet ymmärsivät, että
Intia oli saanut reseptin elpymiseen häneltä,
joka on itse Intian kulttuurin ruumiillistuma.
Luonnos uudistuksesta on annettu. Nyt meidän
täytyy vain seurata sitä.

Swami Amritaswarupananda Puri,
Varapuheenjohtaja Mata Amritanandamayi
Math

Elä henkisten arvojen
mukaisesti ja pelasta maailma

Amma kumartaa teille kaikille, jotka olette puhtaan rakkauden ja korkeimman tietoisuuden ruumiillistumia. Ensimmäiseksi Amma haluaisi ilmaista syvän ilonsa saadessaan osallistua Swami Vivekanandan syntymän 150-vuotis juhlavuoden viettoon. Vielä seuraavankin 150 vuoden kuluttua Swami Vivekanandan sanomalla ja elämällä tulee olemaan sama merkitys kuin tänä päivänä. Ne tulevat inspiroimaan ihmisiä jatkossakin, sillä Swami Vivekananda oli yksilö, jonka luonteessa yhdistyivät täydellisesti mielen puhtaus ja elinvoima.

"Valitse yksi ihanne. Tee siitä koko elämäsi – ajattele sitä, unelmoi siitä, elä tuota ihannetta todeksi. Anna aivojesi, lihastesi, hermojesi ja koko kehosi täyttyä tuosta ajatuksesta ja jätä muut ajatukset sivuun. Tämä on tie menestykseen, näin syntyy suuria henkisyyden jättiläisiä." Tämä oli Swami Vivekanandan loistava kehotus maailmalle. Hänen sanoillaan on voima herättää ihmiskunnassa sen luontainen henkinen potentiaali, sytyttää tuo potentiaali liekkeihin ja nostaa liekit niin korkealle, että ne leviävät kaikkialle metsäpalon tavoin. Nykyään elämme maailmassa, joka uskoo välittömään tyydytykseen etsien jatkuvasti vihreämpää ruohoa aidan toiselta puolelta. Jos mietimme Swami Vivekanandan sanoja, ne voivat innostaa rauhalliseen mutta voimakkaaseen henkiseen vallankumoukseen – arvoihin perustuvaan muutokseen.

Materiaalisesta näkökulmasta katsoen ihmiskunta syöksyy eteenpäin valloittaen menestyksen huippuja toisensa jälkeen. Nykyään ihmiskunta on saavuttanut monia asioita, jotka jossain vaiheessa vaikuttivat täysin tavoittamattomilta eikä niitä osattu edes kuvitella. Millään näistä saavutuksista ei kuitenkaan ole voimaa poistaa edes pientä osaa siitä julmuudesta, joka on tahrannut ihmisten sydämet. Tuota likaa on kertynyt sydämiin siinä määrin, että se on johtanut ihmiskunnan suuren tuhon partaalle. Olemme saattaneet oppia lentämään kuin linnut ja uimaan kuin kalat mutta olemme unohtaneet, kuinka elää kuten ihmisen kuuluisi. Vaikuttaa siltä, että meidän täytyy opetella uudestaan tuo taito. Kuinka voimme tehdä sen? Se on mahdollista vain, jos opimme omasta itsestämme. Meidän tulee tutkiskella itseämme. Miksi? Koska tämän maailman ongelmien syynä ei ole ulkoinen tila, tuuli, meri, vuodenajat, luonto tai eläimet, vaan me ihmiset – meidän mielemme.

Osa ihmisluontoa on luoda ongelmia ja kisailla sitten yrittäessään löytää niihin ratkaisuja. Nykyään meillä on tietoa mutta ei tietoisuutta. Meillä on informaatiota mutta ei vivekaa[1]. Tiedämme tietysti, että meillä on pää mutta tulemme tietoiseksi siitä vasta silloin, kun päätämme särkee. Olette varmaan kuulleet tarinan miehestä, joka juotuaan lusikallisen lääkettä huomasi pullossa etiketin, jossa sanottiin "Ravistettava hyvin ennen käyttöä". Oivallettuaan, ettei ollut noudattanut ohjeita kunnolla mies mietti hetken ja alkoi sitten hyppiä ylös alas ravistellen kehoaan niin paljon kuin mahdollista.

Kuten tarinan mies mekin yritämme usein korjata virheemme vasta sitten, kun se on jo liian myöhäistä. Todellisuudessa monet Sanatana Dharman kohtaamat haasteet ovat itse luotuja.

---

[1] Erottelukykyisen ajattelun ja asianmukaisen harkinnan voima

Voimme syyttää muita ja osoittaa globalisaation vaikutukseen, vieraan vallan aikaan ja muihin uskontoihin – ja ehkä niitä voidaankin syyttää jossain määrin – mutta ne eivät ole ensisijainen syy. Pääsyy on oma piittaamattomuutemme: olemme epäonnistuneet tämän korvaamattoman arvokkaan kulttuurin vaalimisessa ja suojelemisessa. Tarkemmin sanoen: meillä ei ole ollut rohkeutta suojella sitä. Me itse olemme kaivaneet kuoppaa, johon tämä valtava muinaisen tiedon kulttuuri voitaisiin haudata.

Vielä ei ole liian myöhäistä. Jos yritämme vilpittömästi, voimme vielä herättää henkiin *dharman*. Miten dharmaa voidaan suojella? Vain noudattamalla sitä. Vain harjoittamalla ja noudattamalla dharmaa kulttuuri voi säilyä. Amma ei pyydä teitä suorittamaan voimakkaita henkisiä harjoituksia vaan harjoittamaan dharmaa, kukin oman kykynsä mukaan. Krishna on sanonut: "Tällä polulla ei ole mitään menetettävää. Jopa vähäinenkin dharman harjoittaminen auttaa sinua ylittämään pahimmat pelkosi."[2] Dharman polku on maailmassa ainoa

[2] nehabikramanaso´sti pratyavayo na vidyate svalpamupasya dharmasya trayate mahato bhavat – Bhagavat-Gita, 2.40

polku, jota kulkiessa ei ole mahdollisuutta epäonnistua.

Ei ole suurempaa pelkoa kuin kuolemanpelko. Meillä tulisi olla rohkeutta suojella Vedojen perinnettä omaksumalla sen viisaus, joka opettaa meille, kuinka ylittää jopa kuolemanpelko. Ajatus "en voi tehdä sitä" pitäisi muuttaa vakaaksi päätökseksi "vain minä voin tehdä sen". Tämä on erityisen tärkeää nuorten mielille, sillä juuri nuoret välittävät perinteiset opit tuleville sukupolville.

"Muutamat vilpittömät, energiset ja täydestä sydämestään toimivat miehet ja naiset voivat tehdä enemmän vuodessa kuin kokonainen väkijoukko vuosisadassa." Muistakaa nämä Swami Vivekanandan sanat. Hän sanoi myös: "Maasta iloitsevat sankarit. Tämä on pettämätön totuus. Ole sankari. Sano aina: 'Minä en pelkää.' Kerro tämä kaikille: 'Älkää pelätkö.'"

Hindulaisen yhteiskunnan kirous on nykyään pelko – hindut pelkäävät harjoittaa uskoaan. Veda Mata, Desha Mata, Deha Mata, Prakriti Mata ja Jaganmata[3] on unohdettu ja

---

[3] Äiti Veda, "äidinmaa" (kotimaa), biologinen äiti, luontoäiti ja maaäiti.

17

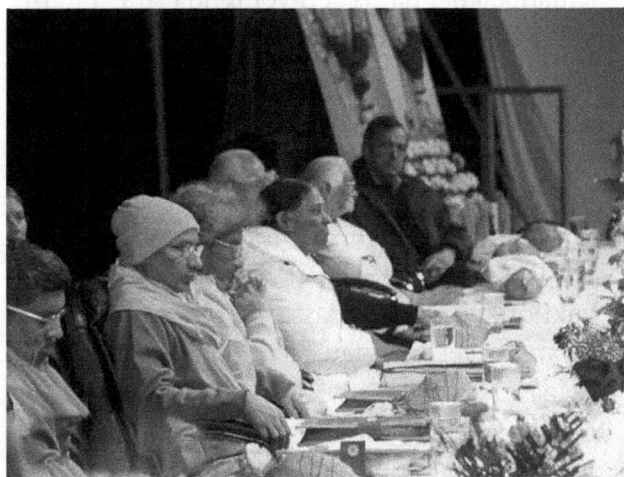

pelko on syössyt ihmiset pimeyden syvyyksiin. Sanatana Dharman ydin on kuitenkin pelotto- muus. Pelko muuttaa elämän verrannolliseksi kuoleman kanssa; se heikentää tekojemme voimaa. Se tekee mielestämme itsekkyyden ja pahuuden orjan. Tämä pelko saa alkunsa tunteesta "minä olen heikko". Se johtuu siitä, ettemme ymmärrä sisällämme olevaa ääretöntä voimaa.

Kerran erään rekan ollessa ajamassa kylän läpi sen moottori syttyi jostain syystä pala- maan. Kuljettaja hyppäsi nopeasti ulos, meni puhelinkopille ja soitti palokunnan paikalle. Palomiesten saavuttua rekan etuosa oli jo kokonaan palanut. Kun palomiehet avasivat rekan kontin, he yllättyivät nähdessään las- tin – kontti oli täynnä palosammuttimia! Jos kuljettaja olisi tiennyt, mitä rekan lastina oli, onnettomuudelta olisi vältytty. Samaan tapaan pelkomme vuoksi emme usein tajua sisällämme olevaa piilevää voimaa.

Pelko saa mielemme kutistumaan ja kuih- tumaan. Mielestämme tulee kuin kuivunut kaivo. Pelko rajoittaa maailmamme pieneksi pimeyden kammioksi samalla tavalla kuin kil- pikonna vetäytyy kilpensä sisään petoeläimen nähdessään. Se vähentää vahvuutemme pieneksi hiukkaseksi. Menetämme *atma shaktim*me.[4] Toisaalta peloton mieli on yhtä valtava kuin taivas. Amma ei sano, etteikö pelolla olisi oma tarkoituksensa. Sillä on luonnollinen ja käytännöllinen tehtävä. Esimerkiksi, jos talo syttyy palamaan, olisi typerää osoittaa pelottomuutta ja jäädä sisälle. Amma sanoo vain, että meidän ei pitäisi antautua pelon orjaksi.

Syntymä ja kuolema ovat kaksi tärkeää elämän ominaisuutta. Ne tapahtuvat ilman meidän lupaamme eivätkä ne ota meidän tarpeitamme huomioon. Jos elämä on silta, syntymä ja kuolema ovat sen kaksi päätä, jotka kannattelevat siltaa ja antavat sille perustan. Me emme pysty hallitsemaan näitä peruselementtejä – syntymää ja kuolemaa – jotka pitävät yllä elämää. Olemme täysin tietämättömiä niiden suhteen. Näin ollen kuinka voimme loogisesti väittää keskiosan – sen, jota kutsumme "elämäksi" – kuuluvan meille? Myöskään lapsuus, nuoruus, aikuisuus ja vanhuus

---

[4] Kirjaimellisesti "Itsen voima". Itseluottamus ja mielen vahvuus, jotka kumpuavat siitä ymmärryksestä, että ihmisen todellinen luonto on kuolematon eikä sitä voi rajoittaa mitenkään.

eivät kysy lupaamme ennen kuin ne tulevat ja menevät. Ne vain tapahtuvat. Hyväksy tämä totuus ja tee tekoja, jotka kohottavat sekä sinua yksilönä että yhteisöä kokonaisuutena korkeammalle tasolle.

Swami Vivekananda sanoi kerran: "Koska kuolema on varma, on parasta uhrata itsensä hyvän asian puolesta." Tällaisia ihanteita, jotka ovat Sanatana Dharman perusolemus, tulisi opettaa nuorisollemme. Meidän pitäisi olla roolimalleja harjoittamalla näitä ihanteita omassa elämässämme. Jos nuoret heräävät, koko kansakunta herää; maailma herää. Nykynuoriso vaikuttaa kuitenkin olevan laajalle levinneen epidemian otteessa. Amma ei halua yleistää; jotkut nuoret katselevat elämää kypsemmästä näkökulmasta mutta suuri enemmistö näyttää olevan kiinnostunut vain railakkaasta elämäntyylistä nauttimisesta. He pitävät henkisyyden ajatuksia patrioottisina ja näkevät pyhimyksemme naurettavina. "Alkukantaista! Ei kiinnosta. Se on vanhoja ja laiskoja ihmisiä varten." Näin he väittävät. Todellisuudessa ihmiset, jotka nauravat ja pilkkaavat muita ovat itse oikeita typeryksiä; niillä, jotka osaavat nähdä omat heikkoutensa ja puutteensa ja nauraa niille, on *vivekaa*. Meidän täytyy auttaa nuorisoamme kehittämään tällaista vivekaa.

Luomakunnassa on vain kaksi osaa: atma ja anatma – "minä" ja kaikki, mikä ei ole "minä". Yleensä emme ole kiinnostuneita oppimaan itsestämme. Yritämme ainoastaan oppia ulkoisista kohteista ja tilanteista. Mies lähestyi kahden maan välistä rajaa moottoripyörällään. Pyörän takaosassa oli kaksi suurta kassia. Tullivirkailija pysäytti hänet ja kysyi: "Mitä kasseissa on?" "Vain hiekkaa", mies vastasi.

Tullivirkailija sanoi: "Niinköhän? Katsotaanpas, mitä siellä on. Nouse pois pyörän selästä." Hän otti kassit ja kaatoi niiden sisällön maahan mutta todellakaan niiden sisällä ei ollut mitään muuta kuin hiekkaa. Silti hän päätti pidättää miehen yön yli ja teetti analyysin hiekasta siltä varalta, että siitä löytyisi jäämiä kullasta, huumeista tai räjähteistä. Mitään ei kuitenkaan löytynyt, vain hiekkaa. Virkailijalla ei ollut mitään muuta vaihtoehtoa, kuin päästää mies rajan yli moottoripyörän ja hiekan kanssa.

Viikkoa myöhemmin sama tilanne toistui. Jälleen kerran tullivirkailija pidätti miehen yön yli ja aamulla hänet vapautettiin

moottoripyörän ja kahden hiekkasäkin kanssa. Useiden seuraavien kuukausien ajan sama kuvio toistui uudestaan ja uudestaan.

Lopulta kului monta kuukautta ilman, että mies olisi ylittänyt rajaa. Sitten eräänä päivänä tullivirkailija sattui näkemään miehen läheisessä ravintolassa. Hän sanoi miehelle: "Tiedän, että juonit jotakin, en vain tiedä mitä. Kuolen uteliaisuudesta, en saa edes unta öisin. En vain keksi, mistä on kyse. Näin meidän kesken, miksi salakuljetat tavallista arvotonta hiekkaa.

Juomaansa siemaillen mies hymyili ja sanoi: "En salakuljeta hiekkaa. Salakuljetan varastettuja moottoripyöriä."

Virkailija oli niin keskittynyt hiekkasäkkeihin, että unohti kiinnittää huomiota täysin ilmeiseen asiaan – moottoripyörään. Samoin me keskitymme jatkuvasti ulkoisiin asioihin ja kadotamme siksi itsemme. Sen tähden, vaikka onkin tärkeää ymmärtää ulkoisten kohteiden luonne, meidän tulisi myös ymmärtää, keitä me olemme.

Nykyään monet opettelevat jooga-asanoita[5] lisätäkseen fyysistä kauneuttaan ja

---

[5] Joogan asentoja

vahvuuttaan. Tämä on trendikästä nuorten keskuudessa, mutta he eivät ymmärrä taustalla olevaa periaatetta, korvaamatonta vaurautta, joogan sydämessä.

Kosminen voima, joka luo ja pitää yllä järjestystä tässä maailmankaikkeudessa niin, että se toimii sujuvasti, on määrännyt tiettyjä suuntaviivoja ihmiskunnalle. Niitä kutsutaan dharmaksi. Dharmalla on tietty rytmi, sävy ja melodia. Kun ihmiskunta ei ajattele ja toimi samassa linjassa dharman kanssa, tasapaino ihmismielen ja luonnon kanssa menetetään. Pääsyy useimpiin ongelmiin, joita näemme maassamme, on vallitseva ajatusmaailma ja elämäntyyli, joka ei ota huomioon muinaista kulttuuriamme. Nuorisomme täytyy tulla tietoiseksi tästä ongelmasta. Jos he haluavat toteuttaa halunsa ja unelmansa, siihen tarvitaan valtavasti voimaa, maailmankaikkeuden siunausta ja luonnonvoimien tukea ja suojelua.

Nuoremme eivät ole tyhjäntoimittajia vaan he kykenevät mihin tahansa. He eivät ole välinpitämättömiä vaan heistä ei ole välitetty. Intian ja koko maailman tulevaisuus on heidän sisällään. Tarvittava voiman lähde yhteiskuntamme herättämiseen on heidän sisällään. Jos he heräävät, tulevaisuutemme on turvattu. Muutoin ihmiselämän ja koko universumin harmonia tulee järkkymään.

Kerran eräs 25-vuotias poika tuli ashramiimme. Hänellä oli päässään väärinpäin käännetty lippalakki ja otsassaan santelipuutahnasta tehty merkki. Hän lähestyi erästä ashramin vanhimmista sanjaaseista[6] ja kysyi: "Setä, missä ashramin keittiö sijaitsee?" Sanjaasi oli hieman häkeltynyt mutta reagoimatta hän vain osoitti tien keittiöön. Jonkin ajan kuluttua nuorukaisen palatessa takaisin sanjaasi kutsui häntä ja kysyi rakastavasti: "Poika, mikä sinun nimesi on?" "Jnanaprakash", hän vastasi. (Sanjaasin on täytynyt ajatella: "Hänen vanhempansa ovat antaneet hänelle hyvän nimen, Jnanaprakash – tiedon valo. Miksi hän ei sitten osoita tuota valoa?") Sanjaasi kysyi mieheltä: "Miksi kutsuisit sairaalassa henkilöä, joka on pukeutunut valkoiseen takkiin ja jolla on stetoskooppi?" "Lääkäriksi", tämä vastasi. "Entä miksi kutsuisit oikeussalissa henkilöä, joka on pukeutunut tummaan pukuun ja solmioon?" "Asianajajaksi", mies vastasi. "Etkö sitten

---

[6] munkki

28

tiedä, että henkilöä, joka käyttää okran värisiä vaatteita ashramissa tulisi kutsua 'Swamiksi'?" hän kysyi.

Nuori mies oli hetken hiljaa. Sitten hän pyysi nopeasti anteeksi: "Sori, setä." Sanjaasi ei voinut olla nauramatta. Nuorukainen oli hindu, uskoi Jumalaan ja oli kohtalaisen koulutettu. Silti häneltä puuttui ymmärrystä oman kulttuurinsa suhteen. Tämä tapaus viittaa valitettavaan totuuteen; nuori sukupolvi on tietämätön oman maansa arvosta ja suuruudesta – maan, joka tunnetaan *rishien*[7] pyhänä maana, joka välitti henkisyyden kultaista valoa maailmaan. Kuinka näin on päässyt käymään? Kuinka voimme välittää perusymmärryksen kulttuuristamme uudelle sukupolvelle? Vedinen kulttuurimme on ollut johtotähtenä koko maailmalle. Nyt tämä kulttuuri on kuitenkin kriisissä. Meidän täytyy suojella kulttuuriamme. Sitä varten meillä tulee olla valmiutta ja halukkuutta nähdä hieman vaivaa. Silloin dharma suojelee itseään. Meidän täytyy aloittaa tuo vaivannäkö juuri tässä ja nyt. Hallinnollisella järjestelmällä tulisi olla henkisiin arvoihin

---

[7] entisaikojen pyhimys

perustuva näkemys ja vallanpitäjien pitäisi työskennellä yhdessä paremman hallinnon eteen. Tämä tuo mieleen Upanishadien mantran, josta Swami Vivekananda piti kovasti: "Nouskaa, herätkää, älkääkä pysähtykö ennen kuin olette päässeet päämäärään."[8]

Mielen ja älyn voimat ovat rajallisia. Niiden elinvoima on lyhytaikaista ja lopulta ne kuihtuvat pois. Siksi sanotaan, että meidän tulisi kohdistaa uskomme atma shaktiin. Tämä on se herääminen, johon tuo kuuluisa mantra viittaa. On mahdotonta kehittää täydellistä uskoa silmänräpäyksessä mutta tehdessämme toimemme antaumuksella tulemme vahvemmiksi ja kuljemme eteenpäin tavoitettamme kohti.

Vihollisemme eivät ole ulkopuolella; ne ovat sisällämme. Me olemme itse itsemme vihollisia. Tietämättömyytemme, se, että olemme antautuneet halujemme orjaksi sekä yleinen virheellinen käsityksemme elämän luonteesta ovat heikkouksia, jotka rajoittavat meitä.

---

[8] uttishthata jagrata prapya varannibodhata |
Katha Upanishad, 1.3.14

Alakoulun opettaja kysyi kerran oppilailtaan: "Lapset, kuinka monta tähteä voitte nähdä öisellä taivaalla?" Yksi lapsista vastasi: "Tuhansia!" Toinen sanoi: "Miljoonia!" Kolmas lapsi sanoi: "Miljardeja!" Lopulta nuorin luokan lapsista vastasi: "Kolme!" "Vain kolme tähteä?" opettaja kysyi, "Etkö kuullut, kun toiset sanoivat näkevänsä tuhansia ja jopa miljardeja tähtiä? Kuinka sinä näet vain kolme tähteä?" Poika vastasi: "Ei se ole minun syyni. Huoneeni ikkuna on todella pieni!"

Ikkuna oli kuin kehys. Poika saattoi nähdä vain pienen palan taivasta ikkunan asettaessa sille raamit. Me olemme samalla lailla heikkouksiemme kehysten rajaamia. Voidaksemme ylittää ne meidän tulee toimia pitäen vakaasti kiinni henkisen ymmärryksen juurista. Kali Yuga[9] on toiminnan aikakausi. Tekojen suorittaminen päättäväisesti henkiseen päämäärään suuntautuen on paras luopumisen ja henkisen harjoituksen muoto, jota Kali Yugan aikana voi tehdä. Tämä auttaa meitä reagoimaan älykkäästi ennemmin kuin tunteellisesti elämän

---

[9] Kali Yuga on viimeinen neljästä syklisesta aikakaudesta. Se on "materiaalisuuden aikakausi", jolloin dharmaa ei harjoiteta laajasti.

31

tilanteisiin. Pohjimmiltaan elämäämme ohjaa
viveka.

Swami Vivekanandan sanoin: "Hän on
ateisti, joka ei usko itseensä. Itseensä uskomi-
nen tarkoittaa sitä, että uskoo sisäisen Itsen
rajattomaan voimaan."

On olemassa kolme rakkauden ilmentymää,
jotka herättävät tuon voiman sisällämme:
rakkaus itseä kohtaan, rakkaus Jumalaa koh-
taan ja rakkaus koko luomakuntaa kohtaan.
Itsensä rakastaminen ei tarkoita itsekeskeistä
egon rakastamista. Se tarkoittaa elämän rakas-
tamista – kykyä nähdä menestys, epäonni ja
ihmissyntymä itsessään Jumalan siunauksena
ja rakastaa sisäistä jumalallista voimaa. Tämä
kasvaa rakkaudeksi Jumalaa kohtaan. Jos nämä
kaksi osaa ovat läsnä, kolmas osa – rakkaus luo-
makuntaa kohtaan – tulee esiin luonnostaan.

Koti on sekä henkilön hyvien että huono-
jen ominaisuuksien lähde. Lähes kaikki, mikä
vaikuttaa lapsen mielenterveyteen on lähtöisin
kotiympäristöstä. Lapsen tullessa 8-9 vuoden
ikään perusta hänen mentaaliselle kasvulleen
on valettu jo 70 prosenttisesti. Ihminen voi elää
80- tai 90-vuotiaaksi, mutta hän oppii elämän-
sä tärkeimmät oppiläksyt jo ensimmäisen 10

ikävuoden aikana. Jäljelle jäävät 30 prosenttia opitaan sen jälkeen ja tuo oppiminen perustuu lapsuuden aikana kehittyneiden vahvuuksien ja heikkouksien perustalle. Jos haluaa rakentaa pilvenpiirtäjän, sille täytyy ensin tehdä vakaa perusta. Kypsyys on itse asiassa kykyä jatkaa oppimista koko elämän ajan. Tuo kyky ei tule iän myötä vaan epäitsekkyyden sekä hyväksyvän ja täysin ennakkoluulottoman asenteen kautta. Jokaikinen päivä lääketiede kehittää uusia teknologioita ja löytää uusia sairauksia. Siksi lääkäreiden täytyy pysyä ajan tasalla uusimpien lääketieteellisten tutkimusten suhteen. Lääkäri ei voi sanoa: "No, näin asia oli 20 vuotta sitten; eihän se voi olla muuttunut nyt."

On totta, että jos haluamme saavuttaa materiaalisia tavoitteita, meidän täytyy kerätä tietoa ulkoisesta maailmasta. Jos kuitenkin perustamme elämämme yksinomaan sellaisen tiedon varaan, egomme kasvaa. Nykyään elämäämme – erityisesti nuorella sukupolvella – kuormittaa turha informaatio. Nuorisomme uskoo vain kehoon ja mieleen. Sellainen ajattelu tekee ihmisestä konemaisen ja itsekkään. Itse asiassa tietotekniikan kautta nuoret tietävät nykyään enemmän maailmasta kuin aikuiset.

Isä halusi puhua seiskaluokkalaisen poikansa kanssa kahden kesken ja pyysi tämän huoneeseensa. Hän katsoi poikaa silmiin ja sanoi: "Poikani, olet 12-vuotias. Kun luen ja kuulen asioista, joita sinun ikäiset lapset nykyään tekevät, vatsaani alkaa vääntää. Siksi haluan keskustella muutamista asioista kanssasi." Silmääkään räpäyttämättä poika vastasi: "Totta kai, isä, mitä haluat tietää? Kerron sinulle kaiken."

Muinaiset rishit kokivat, että kaiken tiedon kasvualusta on sisällämme oleva puhdas tietoisuus. Meidän tulee sopusointuisasti yhdistää tämä ymmärrys nykytieteen keksintöjen kanssa. Uuden sukupolven pitäisi ymmärtää sen välttämättömyys. Muutoin tämä maa, joka on henkisen ajattelun synnyinpaikka, joutuu näkemään sukupolven, joka uskoo, että elämä perustuu vain seksiin, huumeisiin ja rahaan.

Swami Vivekananda sanoi: "Rakastin suuresti kotimaatani ennen kuin menin Amerikkaan ja Englantiin. Palattuani takaisin jokainen hitunen tästä maasta tuntuu minusta pyhältä." Vastikään Delhissä sattuneen tapauksen jälkeen monet intialaiset häpeävät kutsua itseään

intialaiseksi.[10] Arvot, dharman kunnioittami-
nen, itsensä uhraaminen ja pyhimyksiemme
myötätunto – näitä asioita Swami Vivekananda
arvosti suuresti kotimaassaan. Tavallisen ih-
misen maailma pitää sisällään kodin, puolison
ja lapset mutta ne, jotka haluavat omistaa
elämänsä palvelulle ylittävät nämä rajat ja
uhraavat elämänsä maansa puolesta. Ne, jotka
ovat nousseet henkisyyden huipulle ja vakiin-
tuneet *advaitan*[11] tilaan näkevät koko luoma-
kunnan – ei vain oman perheensä – omanaan.
Heille taivas ja helvetti ovat samanarvoisia.
Sellaiset ihmiset muuttavat helvetin taivaaksi.
Tämä ykseyden näkemys on tie positiiviseen
muutokseen.

Ashramimme ylläpitämällä yliopistolla
on viisi kampusta. Eräät opiskelijat sanoivat
kerran Ammalle, että he eivät halua enää
käyttää koulupukua. Amma kysyi heiltä:
"Onko koulutuksen todellinen tavoite ainoas-
taan saada todistus, hyvä työpaikka ja ansaita

---

[10] Amma viittaa Delhissä vuoden 2012 joulukuussa
tapahtuneeseen joukkoraiskaukseen, jonka seurauksena
23-vuotias opiskelija sai surmansa.
[11] Ymmärrys siitä, että yksilö, Jumala ja maailmankaikkeus
eivät ole erillisiä vaan ne ovat pohjimmiltaan yhtä.

paljon rahaa? Ei. Sen tarkoitus on saada tie-
toa, oppia arvoja ja kehittää myötätuntoista
asennetta kaikkia kohtaan." Sitten Amma
antoi opiskelijoille muutamia esimerkkejä sii-
tä, mitä joissakin muissa yliopistoissa, joissa ei
käytetä koulupukua, oli tapahtunut. Eräässä
yliopistossa monet opiskelijat olivat joutuneet
lainaamaan suuria summia rahaa koulutusta
varten ja siksi heidän täytyi tulla toimeen hy-
vin pienellä budjetilla. Kun nämä opiskelijat
näkivät luokkatovereidensa käyttävän kalliita
ja muodikkaita vaatteita, he alkoivat myös
haluta niitä. Kalliiden vaatteiden puutteen
aiheuttama alemmuuskompleksi yllytti jotkut
opiskelijat hankkimaan rahaa myymällä huu-
meita, jopa omille luokkakavereilleen. Tämän
seurauksena monet heistä tulivat riippuvaisiksi
huumeista. Jotkut varastivat, toiset tekivät jopa
itsemurhan.

Erään toisen yliopiston oppilas, joka oli
hyvin köyhä ja halusi epätoivoisesti kuulua
joukkoon, lähetti Ammalle hälyttävän kirjeen
vankilasta. Hän kertoi yrittäneensä varastaa
eräältä naiselta kultaisen kaulaketjun ja oli
samalla vahingossa tullut tappaneeksi tämän.

Amma kysyi opiskelijoilta: "Kertokaa minulle: Haluatteko luoda tilanteen, jossa toiset opiskelijat saattavat tehdä vääriä valintoja vai käytättekö mieluummin koulupukua?" Oivallettuaan, kuinka tärkeää on kunnioittaa toisten tunteita, oppilaat olivat yhtä mieltä siitä, että he käyttävät mieluummin yhtenäistä pukua.

Meidän tulee tunnistaa kaikkien eroavaisuuksien taustalla oleva ykseys. Se auttaa meitä. Vaikka saatamme nähdä tuhat auringon heijastusta tuhannessa eri saavissa, silti on vain yksi aurinko. Kun näemme meissä kaikissa olevan tietoisuuden yhtenä ja samana, pystymme kehittämään mielen, joka ottaa toisten tarpeet huomioon ennen omiaan. Saatamme esimerkiksi tarvita kellon mutta sekä 50 rupian että 50 000 rupian arvoinen kello näyttää meille ajan. Jos ostamme halvemman kellon ja käytämme loput rahat köyhien auttamiseen, teemme suuren palveluksen yhteiskunnalle.

Kaikella elämässä on elämä ja tietoisuus. Kuinka voimme todistaa tämän suuren totuuden? Se ei onnistu kielen, mielen eikä älyn kautta – kaikki nämä ovat rajoittuneita. Rakkaus on vanhin ja samalla uudenaikaisin johtotähti. Vain rakkaus voi nostaa ihmismielen sen alhaisimmasta tilasta Itsen äärettömään valtakuntaan. Lisäksi rakkaus on ainoa kieli, jota koko luomakunta ymmärtää: universaali sydämen kieli. "Rakkaus", "siunaus", "armo" ja "myötätunto" ovat kaikki vain Jumalan synonyymeja. Nuo hyveet ja Jumala eivät ole erillisiä vaan yhtä. Armo ja siunaus ovat kaikkialla. Kun toimimme ilolla dharman mukaisesti, voima ja armo virtaavat meihin.

Iloisesti meressä uiskenteleva kala unohtaa meren mutta kun se paiskautuu kuumalle hiekalle, se muistaa meren välittömästi. Ei kuitenkaan ole mitään Jumalasta erillään olevia rantoja, jonne meidät voitaisiin heittää, sillä Jumala on ääretön valtameri vailla rantaa. Jokainen meistä on aalto tuossa meressä. Aivan kuten vesi ja aallot ovat yhtä meressä, mekin olemme yhtä Jumalan kanssa. Me olemme Jumalan ruumiillistumia.

Asurat[12] ovat niitä, jotka lankesivat *devojen*[13] maailmasta vivekan puutteen vuoksi. Nykyään ihminen, joka on Jumalan ruumiillistuma, käyttäytyy kuin asura. Monet menneet

---

[12] demonit
[13] taivaalliset olennot

välikohtaukset ja vielä suuremmissa määrin nykyiset tapaukset todistavat, että asurat syntyvät ihmisiksi. Kuulemme joka päivä selkkauksista, jotka tahraavat ikuisen kulttuurimme nimeä – kulttuuriamme, joka opettaa meitä kunnioittamaan kaikkia naisia äitinä, jumalattarena ja läheisenä ystävänä, jolle voimme avata sydämemme. Voiko Delhissä vastikään tapahtunut kauhistuttava teko olla mitään muuta kuin asurisen mielen tuotetta? Koskaan historian aikana ei sellainen yhteiskunta ole kukoistanut, joka suhtautuu naisiin epäkunnioittavasti. Kaikki sellaiset yhteiskunnat sortuvat. Jos tarkastelemme Ramayanaa, Mahabharataa[14] tai historiaa viimeisen 1000 vuoden ajalta, voimme nähdä, kuinka valtavat imperiumit ja niiden urhoolliset hallitsijat ovat romahtaneet naiseuden ja äitiyden kunnioituksen puutteen vuoksi. Tämä maa on todistanut rishien *maha-tyagan, tapasin* ja *danamin* – luopumisen, henkiset harjoitukset ja hyväntekeväisyyden. Intian kansalaisten on korkea aika muuttaa mielenlaatuaan. Sen lykkääminen johtaa katastrofiin.

---

[14] intialaisia eepoksia

Kun lapsi käy läpi kasvun eri vaiheet – kyljelleen kääntymisen, ryömimisen, ensimmäiset askeleet – hän on kuin sotilas, joka ei koskaan hyväksy tappiota. Kuitenkin nykyään, kun lapsi kasvaa aikuiseksi ja ylittää keski-iän muuttuen seniorikansalaiseksi, hänestä tulee bisneshenkinen. Kaikki, aina ihmissuhteista lähtien, on hänelle kuin kaupantekoa. Kuka on vastuussa tästä? Yhteiskuntamme, vanhempamme, koulutusjärjestelmämme, sokeat kuvitelmamme ja elämäntapamme, joka ei kunnioita Intian kulttuuria. Kaikki nämä aiheuttavat huolta, ahdistusta ja pelkuruutta. Ihmiskunta menettää kykynsä nähdä elämä seikkailuna tai haasteena, joka täytyy kohdata rohkeudella. Mielestä tulee kykenemätön tunnustamaan toisten olemassaoloa tai ottamaan huomioon heidän tunteitaan.

Tämän planeetan pinnalla asuu seitsemän miljardia ihmistä. Kuitenkaan juuri kukaan ei ajattele ketään muuta kuin itseään. Ei ole todellista perhettä, ystävyyttä tai ykseyttä. Olemme eksyneet laumasta ja jokainen meistä hortoilee kuin erakkona elävä elefantti. Sanatana Dharmassa Luoja ja luomakunta eivät ole kaksi; ne ovat yksi. Aivan kuten kullalla ja kultakorulla ei ole eroa, myöskään Luoja

–Jumala– ja luomakunta –maailma– eivät ole erillään toisistaan. Seuraus ei voi koskaan olla eri kuin syy, sen alkulähde. Sanatana Dharma on ainoa filosofia, joka opettaa meitä näkemään *naran* Narayanana – näkemään ihmiset Jumalana. Se on ainoa uskonto, joka on palvonut *nirgunam*ia, ominaisuuksia vailla olevaa, Jumalana. Riippumatta siitä kuinka kaukana miehen rakastettu onkaan, hän saa paljon iloa katsellessaan tämän lahjoittamaa nenäliinaa. Mies ei nauti nenäliinan kankaasta tai koruompeleesta; hän nauttii rakkaansa muistikuvasta. Samoin riippumatta siitä, minkä muodon kuvittelemme Jumalan omaavan, se, mitä itse asiassa koemme on Jumalan rakastava läsnäolo.

Meillä on pitkä luonnon ja kaikkien elävien olentojen kunnioittamisen perinne. Esi-isämme rakensivat pyhäkköjä ja palvoivat puita, lintuja ja jopa myrkyllisiä käärmeitä. Mehiläinen saattaa olla mitättömän pieni, mutta ilman tuota pikkuruista olentoa pölytystä ei tapahtuisi ja kokonaisia lajeja saattaisi kuolla sukupuuttoon. Jos lentokoneen moottori rikkoontuu, kone ei voi lentää. Itse asiassa yhden ainoan tärkeän ruuvin puuttuminen voi aiheuttaa saman tilanteen. Voimmeko heittää ruuvin pois sanoen,

Elä henkisten arvojen mukaisesti ja pelasta maailma

että – toisin kuin moottori – se on vain pieni, merkityksetön esine? Todellisuudessa kaikella on oma tehtävänsä ja merkityksensä. Mikään ei ole yhdentekevää.

Luontoäiti, joka siunasi meitä anteliaasti kuin toiveet täyttävä lehmä, *kamadhenu*, on nyt muuttunut vanhaksi lehmäksi, josta ei saa enää lainkaan maitoa. Nykyään luonnonsuojelua pidetään modernina ajatteluna. Tämä on ironista, sillä ympäristön suojeleminen on ikivanha osa kulttuuriamme. Ainoa ero on siinä, että suojelimme luontoa, koska näimme koko luomakunnan osana Jumalaa. Sitten päätimme, että sellainen ajattelu on alkukantaista ja lopetimme luonnon suojelemisen. Nykyiseltä luonnonsuojelulta puuttuu kunnioitus, joka kerran oli sen perusta. Siksi nykyiset yrityksemme eivät ole riittäviä.

Kaksi lintua istui rakennuksen katolla jutellen keskenään. Toinen linnuista kysyi: "Missä sinun pesäsi on?" Toinen lintu vastasi: "Minulla ei ole vielä pesää tai perhettä. En kykene saamaan kukista tarpeeksi nektaria, jotta tuntisin oloni koskaan kylläiseksi. Muutamia päiviä sitten, kun menin etsimään nektaria, löysin kauniin puutarhan erään talon edestä.

42

Innoissani laskeuduin alas. Vasta päästessäni lähemmäs tajusin, että puutarha oli keinotekoinen. Kaikki kukat oli tehty muovista. Toisena päivänä löysin toisen värikkään puutarhan. Kun yritin imeä kukan nektaria, särjin nokkani. Kukka oli tehty lasista! Sitten eräänä päivänä löysin aidon puutarhan täynnä kauniita kukkia. Kovasti nälissäni lensin alaspäin mutta pysähdyin nähdessäni miehen ruiskuttamassa puutarhaan kemiallisia lannoitteita ja torjunta-aineita. Olisin voinut kuolla! Palasin takaisin pettyneenä. Nykyään on niin vähän kukkia ja nekin vähäiset ovat tällaisia! Kuinka voin edes haaveilla pesän rakentamisesta ja perheen perustamisesta? Kuinka ruokkisin poikaseni?"

Kuullessaan hänen valituksensa, ensimmäinen lintu sanoi: "Olet aivan oikeassa. Jo useiden päivien ajan olen yrittänyt rakentaa pesää mutta en löydä mistään oksia. Puiden määrä vähenee. Jos tämä jatkuu, joudun kohta rakentamaan pesäni muovin ja metallin paloista."

Meidän tilamme on aivan yhtä surkea kuin näiden kahden pikkulinnun. Ei riitä, että saamme lapsia; meidän tulee varmistaa, että myös heillä on tulevaisuus. Viimeisen 25 vuoden aikana olemme tuhonneet 40 prosenttia

metsistämme. Polttoaine ja vesi ovat käymässä
vähiin. Lapsemme ja lapsenlapsemme joutuvat
kohtaamaan tämän ongelman. Meidän tulisi
oivaltaa tämä ja ryhtyä toimimaan. Nuorisom-
me tulisi olla eturintamassa järjestämässä vesi-,
energia- ja metsiensuojelu-kampanjoita.

Halu on kuin nälkä; se on läsnä kaikissa
ihmisissä. Ennen ihmiset kuitenkin elivät
vakaasti juurtuneina henkisiin arvoihin ja pys-
tyivät siten hallitsemaan halujaan. Kun Amma
oli lapsi, Damayanti Ammalla[15] oli tapana
sanoa: "Älä koskaan pissaa jokeen. Joki on
Devi[16]." Uidessamme takavesissä muistimme
Damayanti Amman sanat emmekä tehneet
sinne tarpeitamme, vaikka vesi oli kylmää.
Kun ihminen kehittää kunnioittavan asenteen
jokea kohtaan, hän ei kykene koskaan saastut-
tamaan sitä. Valitettavasti nyky-yhteiskunnalta
puuttuu tällaiset arvot. Väkivallanteot, kuten
äskettäinen Delhin tapaus, ovat todiste tästä.
Nykyään nuoret viettävät vapaa-aikansa etsien
pornoa internetistä. Se on kuin kaataisi poltto-
ainetta tuleen; se vain lisää heidän himoaan.

---

[15] Amman äiti
[16] Jumalallinen Äiti

Jotkut teini-ikäiset ovat jopa kertoneet Ammalle, että katseltuaan sellaista materiaalia he ovat tunteneet epäpuhtaita ajatuksia omia sisaruksiaan kohtaan. He menettävät vivekansa. Heidän tilansa on kuin humaltuneella apinalla, joka on saanut skorpionin pureman ja kaiken lisäksi vielä puusta pudonneen kookospähkinän päähänsä. Nykynuorison tila on kuin raketilla, joka on jäänyt jumiin maan painovoimakenttään. Päästäksemme ulos painovoiman vaikutuksesta tarvitsemme henkisten arvojen kantoraketin.

Aivan kuten vanhemmat nuhtelevat lapsiaan sanoen: "Lopeta leikkiminen ja opiskele!" heidän tulisi myös varmistaa, että heidän lapsensa pyrkivät kehittämään arvoja. Lasten ollessa nuoria ja vaikutuksille alttiita, äitien tulee kertoa päättäväisesti tyttärilleen: "Sinun pitää olla peloton. Älä koskaan anna kenenkään alistaa sinua. Kehitä sydämen lujuutta." Vastaavasti vanhempien pitäisi opettaa pojilleen, että heidän tulee suojella ja kunnioittaa naisia. Nykyään monet miehet ovat kuin yksisuuntaisia katuja; heidän tulee muuttua moottoritieksi ja sallia naisten edetä heidän rinnallaan. Hallitus voi muuttaa lakeja niin paljon kuin haluaa ja laatia ankarampia rangaistuksia seksuaalirikosten tekijöille mutta ellemme kasvata lapsiamme näihin arvoihin perustuen, todellista muutosta ei koskaan tapahdu. Hallituksen tulisi kokoontua miettimään, kuinka Internetin haitallista materiaalia saataisiin pois vaikutuksille alttiiden nuorten saatavilta.

Aiemmin tietty määrä yhdyskuntapalvelua oli pakollista kaikille koululaisille. Ammasta tuntuu siltä, että tämä käytäntö olisi hyvä ottaa takaisin käyttöön. Jos kaikkien koulujen oppilaat osallistuisivat siivous- ja puiden istutus –talkoisiin pari kertaa viikossa, saastumisongelma helpottuisi suuressa määrin. Oppilaille tulisi antaa arvosanoja myös näistä tunneista. Siten voisimme kehittää palvelukeskeistä mielenlaatua lapsissamme heidän ollessaan vaikutuksille alttiissa iässä.

Nykyään uskonnosta on tullut kuin kauppatavaraa, jota kaupitellaan markkinoilla kaiken muun ohella. "Tämä on hyvä uskonto, tuo toinen on huono" – tähän tapaan jotkut ihmiset myyvät uskontoa. Se on kuin sanoisi: "Minun äitini on pyhimys, sinun äitisi on prostituoitu." Uskontojen ei pitäisi pystyttää raja-aitoja vaan rakentaa siltoja tuoden toisistaan vieraantuneet ihmisryhmät yhteen. Jotta näin voisi olla, jokaisen tulee yrittää ymmärtää uskonnon syvemmät periaatteet – rakkauden ja myötätunnon sanoma. Tähän tapaan Swami Vivekanandan elämän ja opetusten tulisi tulla inspiraation lähteeksi kaikille.

Lopuksi Amma haluaisi antaa ehdotuksen, jonka hän uskoo olevan avuksi yhteiskunnallemme. Aivan kuten vasta valmistuneiden lääkäreiden täytyy ensin palvella maaseudulla yhden vuoden ajan, saman tulisi koskea ainakin yhtä nuorta jokaisesta perheestä tämän valmistuttua. Hallituksen tulisi rahoittaa tätä toimintaa. Näiden nuorten tulisi elää köyhien keskuudessa, oppia ymmärtämään heidän ongelmiaan ja yrittää löytää niihin ratkaisuja. Tällä tavalla voimme herättää myötätuntoa nuorissa ja auttaa köyhiä – näin maa voi kasvaa kokonaisvaltaisesti. Jos eläkeläiset voisivat samaan tapaan omistaa vuoden puutteenalaisten palvelemiseen, tällä olisi vieläkin dramaattisempi vaikutus maallemme.

Jos todella mietit asiaa, onko ihmisten ja matojen välillä oikeastaan mitään eroa? Myös madot syövät, nukkuvat, ulostavat, tuottavat jälkeläisiä ja lopulta kuolevat. Saavutettuamme

tämän arvokkaan ihmiselämän lahjan, teem-
mekö mitään muuta kuin madot? Emme. Kai-
ken lisäksi negatiivista taipumuksista – kuten
suuttumus, kateus ja viha – johtuen luomme
uusia vasanoita[17]. Madot eivät ainakaan tee
sitä. Tämä on asia, jota meidän kaikkien tulisi
mietiskellä.

Meidän pitäisi elää tavalla, joka on hyödyksi
sekä itsellemme että muille. Jumala on antanut
salamoille ja sateenkaarelle vain pienen hetken
elinaikaa. Jotkut kukat kukkivat vain yhden
ainoan päivän. Täysikuu kestää vain auringon-
nousuun asti. Perhonen elää vain muutaman
päivän. Kuitenkin lyhyen olemassaolonsa ajan
ne antavat paljon iloa ja kauneutta maailmalle.
Amma rukoilee, että opimme niiden esimer-
kistä ja yritämme hyödyntää elämäämme teh-
däksemme tästä maailmasta vielä kauniimman
paikan. Värjätkäämme huulemme totuuden
sanoilla. Peskäämme silmämme myötätunnon
anjanamilla[18]. Koristelkaamme kätemme hyvien
tekojen hennalla. Siunatkaamme mieltäm-
me nöyryyden suloisuudella. Täyttäkäämme

---

[17] negatiiviset taipumukset
[18] perinteinen silmienpuhdistusaine

sydämemme Jumalan ja koko luomakunnan rakastamisen valolla. Näin voimme muuttaa tämän maailman taivaaksi.

Intian tulisi nousta. Tiedon äänen, Itse-oivalluksen ja *rishien* muinaisten sanojen äänen tulisi jälleen kerran nousta kuuluviin ja levitä kaikkialle maailmaan. Saavuttaaksemme tämän meidän tulee työskennellä yhdessä yksimielisesti. Pitäköön tämä maa, joka opetti hyväksynnän todellisen merkityksen maailmalle, lujasti kiinni tuosta hyveestä. Soittakoon Sanatana Dharman torvi raikuen uutta elpymistään niin, että se kaikuu koko maailmassa. Swami Vivekananda oli kuin sateenkaari, joka ilmestyi ihmiskunnan horisonttiin auttaakseen meitä ymmärtämään sen kauneuden ja arvon, joka on toiminnan täyteisellä elämällä, johon yhdistetään myötätunto ja meditaatio. Toteutukoon se kaunis toive rakkaudesta, pelottomuudesta ja ykseydestä, josta Swami Vivekananda unelmoi. Antakoon *Paramatman*[19] jokaiselle voimaa saavuttaa se.

---

[19] "Korkein Sielu" – Jumala

www.ingramcontent.com/pod-product-compliance
Lightning Source LLC
Chambersburg PA
CBHW070636050426
42450CB00011B/3225